W9-BWF-478

DATE DUE

Identifica la forma

Las formas en la música

Rebecca Rissman

Heinemann Library
Chicago, Illinois

© 2009 Heinemann Library
an imprint of Capstone Global Library, LLC
Chicago, Illinois

Customer Service: 888-454-2279
Visit our website at www.heinemannraintree.com

Designed by Joanna Hinton-Malivoire
Photo research by Tracy Cummins and Heather Mauldin
Color Reproduction by Dot Gradtions Ltd, UK
Translation into Spanish by DoubleOPublishing Services
Printed and bound by South China Printing Company Ltd

13 12 11 10 09
10 9 8 7 6 5 4 3 2 1

ISBN-13: 978-1-4329-3624-2 (hc)
ISBN-13: 978-1-4329-3630-3 (pb)

Library of Congress Cataloging-in-Publication Data

Rissman, Rebecca.
  [Shapes in music. Spanish]
  Las formas en la música / Rebecca Rissman.
     p. cm. -- (Identifica la forma)
  Includes index.
  ISBN 978-1-4329-3624-2 (hardcover) -- ISBN 978-1-4329-3630-3 (pbk.)
 1. Shapes--Juvenile literature. 2. Musical instruments--Juvenile literature. I. Title.
  QA445.5.R572518 2009
  516'.15--dc22
                    2009011037

Acknowledgments

The author and publishers are grateful to the following for permission to reproduce copyright material: ©AGE Fotostock pp. **6** (P. Narayan), **13** (Hemera), **14** (Hemera); ©Alamy pp. **4** (George and Monserrate Schwartz), **7** (Image Source Ltd), **8** (Image Source Ltd), **11** (D. Hurst), **12** (D. Hurst), **21** (Mode Images Limited); ©Getty Images pp. **15** (Steve Shott), **16** (Steve Shott), **23c** (Steve Shott); ©Jupiter Images pp. **9** (Ablestock.com), **10** (Ablestock.com), **23b** (Ablestock.com); ©Peter Arnold Inc pp. **17** (JorgenSchytte), **18** (JorgenSchytte); ©Shutterstock pp. **19** (Jakez), **20** (Jakez), **23a** (Jakez).

Cover photograph of colourful Mexican guitars in a souvenir shop reproduced with permission of ©Getty Images/Jan Tyler. Back cover photograph of a balalaika reproduced with permission of ©Jupiter Images (Ablestock.com).

Every effort has been made to contact copyright holders of any material reproduced in this book. Any omissions will be rectified in subsequent printings if notice is given to the publisher.

Contenido

Las formas

Las formas están en todas partes.

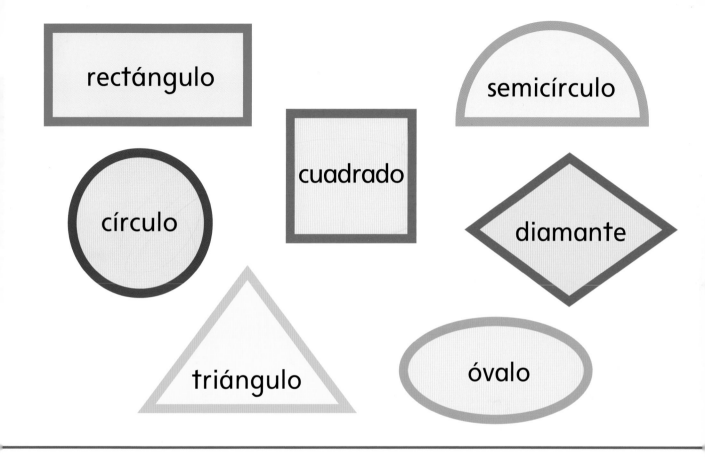

rectángulo

semicírculo

círculo

cuadrado

diamante

triángulo

óvalo

Cada forma tiene un nombre.

Las formas en la música

Hay muchas formas en la música.

¿Qué forma ves en esta corneta?

Se ve un círculo en esta corneta.

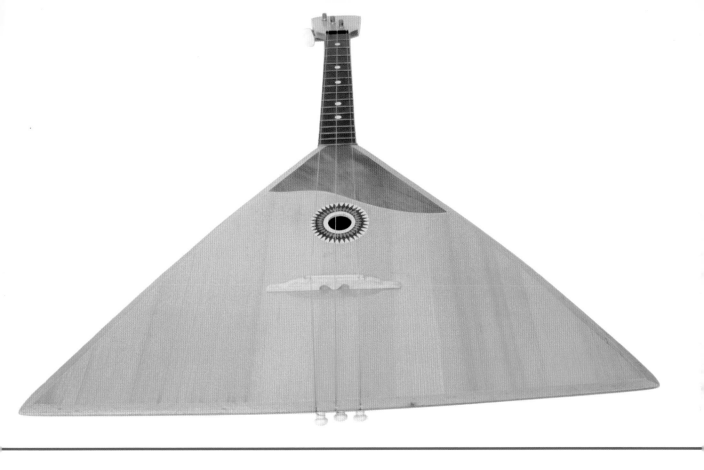

¿Qué forma ves en esta balalaica?

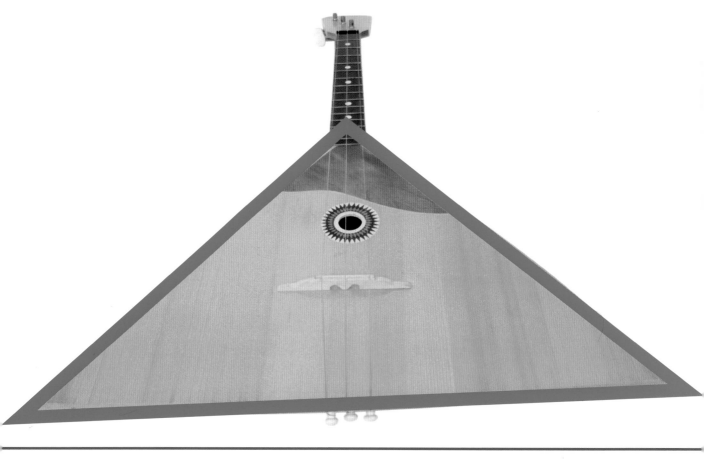

Se ve un triángulo en esta balalaica.

¿Qué formas ves en este xilófono?

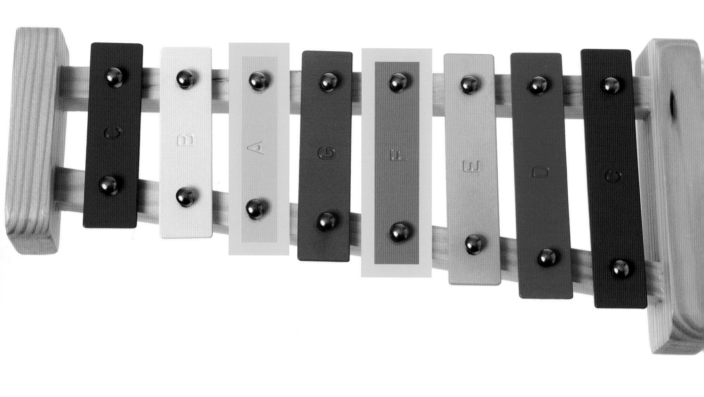

Se ven rectángulos en este xilófono.

¿Qué forma ves en esta pandereta?

Se ve un semicírculo en esta pandereta.

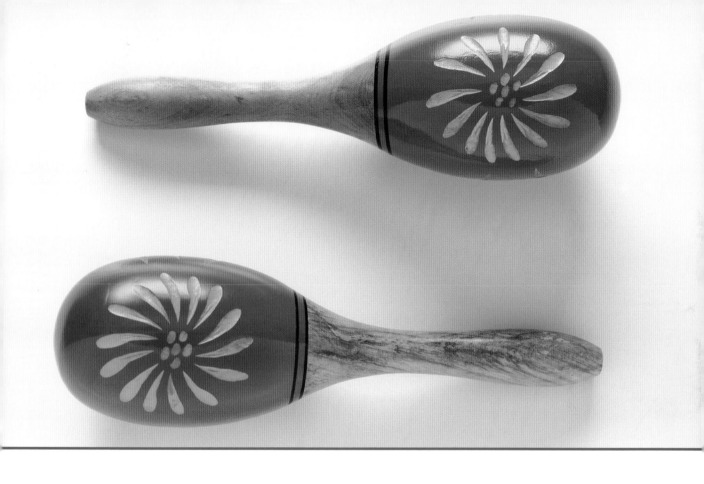

¿Qué formas ves en estas maracas?

Se ven óvalos en estas maracas.

¿Qué forma ves en este masenko?

Se ve un cuadrado en este masenko.

¿Qué forma se ve en este acordeón?

Se ve un diamante en este acordeón.

Hay muchas formas en la música.

¿Qué formas ves tú?

Nombrar las formas

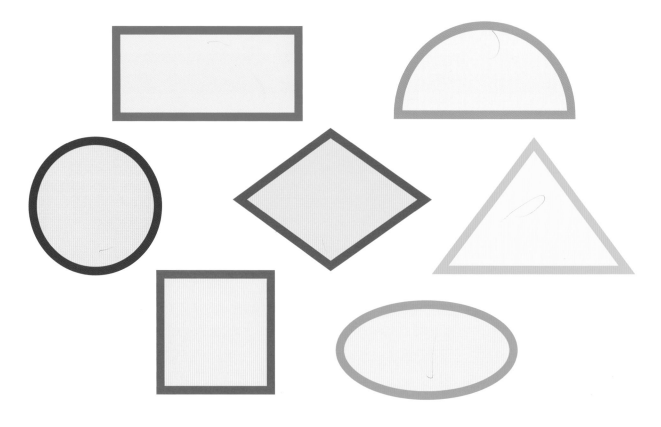

¿Te acuerdas de los nombres de estas formas?

Glosario ilustrado

acordeón instrumento que comprimes y expandes para hacerlo sonar

balalaica instrumento ruso, como una guitarra

masenko instrumento etíope, como un violín

xilófono instrumento construido de barras de metal o de madera que producen notas distintas cuando se tocan

Índice

Nota a padres y maestros
Antes de leer
Indique en una hoja reproducible los contornos de un cuadrado, rectángulo, triángulo, círculo, óvalo, semicírculo y diamante. Pida a los niños que escriban el nombre de cada forma dentro del contorno. Use la página 5 para ayudar a los niños a verificar sus respuestas.

Después de leer
• Instrumentos: Muestre a los niños la colección de instrumentos musicales que está en la página 6 y hagan una lista de todas las formas que puedan identificar en los instrumentos. ¿Cuál fue la forma que apareció más veces?
• Hacer instrumentos geométricos: Llenen cajas de zapatos, avena, pasta y otras cajas con formas geométricas con arroz seco o frijoles para hacer simples instrumentos de percusión. Luego, pida a los niños que decoren sus instrumentos con formas recortadas o dibujos de formas.